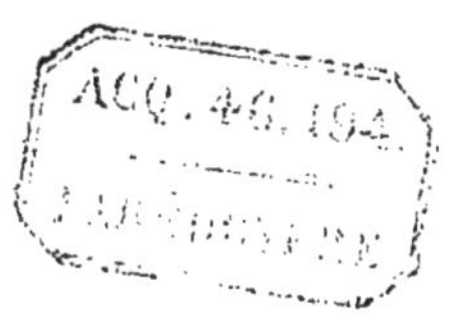

LETTRE

A M. LE VICOMTE DE CHATEAUBRIAND,

PAIR DE FRANCE,

IMPRIMERIE DE Mme. V[e]. PERRONNEAU,
quai des Augustins, n°. 39.

LETTRE

A M. LE V^{TE}. DE CHATEAUBRIAND,

PAIR DE FRANCE,

CONCERNANT UN PAMPHLET INTITULÉ :

DE LA MONARCHIE SELON LA CHARTE.

« Je me méfie d'un dévouement qui
« prend la couleur du fanatisme et de
« la résistance. »

(*Lettre à un Electeur*, page 1072,
1re. col. du *Moniteur* du 22 septembre 1816.)

A PARIS,

CHEZ PLANCHER, libraire, rue Serpente, n°. 14;
Et chez DELAUNAY, libraire au Palais-Royal, galerie
de bois.

1816.

LETTRE

A M. LE VICOMTE DE CHATEAUBRIAND,

PAIR DE FRANCE.

« Je me méfie d'un dévouement qui
« prend la couleur du fanatisme et de
« la résistance. »

(*Lettre à un Electeur*, page 1072,
1re. col. du *Moniteur* du 22 septembre 1816.)

Vous saviez bien à quoi vous en tenir,
monsieur le vicomte, lorsque, dès l'année 1814,
tout en nous désignant la *Charte constitutionnelle* comme le *palladium* des Français,
vous faisiez la part des passions, et déclariez
hautement que l'article XI de cette *Charte*
n'était obligatoire tout au plus que pour le
Roi, *mais que* LE MONDE *n'avait pas donné
sa parole, comme le Monarque.* Ainsi donc,

I

sans redouter le sort d'*Oza*, vous vous méfiez
de la providence royale, et vous n'hésitiez point
à croire votre main plus forte que la sienne
pour soutenir *l'arche d'alliance*, que vous
feigniez de croire en danger. Fier de ce que
vous avez regardé comme un premier succès,
et des honneurs qui se sont rapidement accu-
mulés sur votre tête, vous venez aujourd'hui
renouveler cette espèce de profanation, et
ajouter, sous un nouveau titre, quatre-vingt-
douze chapitres aux vingt-trois chapitres de
vos *Réflexions politiques*. Mais plus auda-
cieux, à mesure que le Roi se montre plus
indulgent, *ce ne sont plus les opinions que
vous vous proposez* de concilier (Avertisse-
ment des Réflexions.), *c'est le canon de détresse que vous osez tirer; c'est* TOUT LE
MONDE *que vous appelez au secours*. Et cette
initiative privilégiée, vous vous l'attribuez
comme *pair de France, pour rendre à l'o-
pinion publique une partie de sa puissance*.
Ainsi, votre zèle et votre titre suffisent à vos
yeux, monsieur le vicomte, pour qu'en dépit
d'une loi que l'on nous a dit être dictée par les
circonstances, vous vous mettiez au-dessus de
cette loi, et profitiez seul de tous les avan-

tages des articles 1, 4, 8, de la *Charte*, et pour que vous attaquiez, suivant votre bon plaisir, tous les autres articles de cette *Charte* qui vous déplaisent, et toujours, suivant votre usage, en professant pour elle le respect le plus commode.

Mon but, monsieur, ne peut plus être de combattre toutes les nouvelles erreurs que vous avez consignées, avec beaucoup d'esprit, dans votre dernier ouvrage, où vous vous vantez cependant de ne dire que la *vérité* à la France et au Roi. Personne ne peut plus se flatter de lire cet écrit tel que vous l'avez composé ; ce que vous appelez votre *seconde édition* (avant qu'un seul exemplaire de la première n'ait été vendu), permet de croire que toute votre brochure a été enfanté depuis quinze jours, et qu'elle contient très-peu de chapitres antérieurs au *post-scriptum*.

En effet, monsieur le vicomte, si l'on excepte vos excellentes réflexions sur la *liberté de la presse*, il saute aux yeux que vous n'attaquez que le système auquel vous attribuez l'ordonnance royale du 5 septembre, que vous ne recrutez que pour *un parti d'opposition* contre le ministère, après avoir terminé cependant le chapitre XIV de vos *Réflexions politiques*, par cet adage : « Avec le carac- « tère français, *l'opposition* est plus à crain- « dre que *l'influence ministérielle*. »

Vous n'ignorez donc pas, Monsieur, que vous vous jouez avec l'arme la plus redoutable à la tranquillité publique. Qui ne gémirait de vous voir vous applaudir d'avoir ainsi jeté des nouveaux brandons de discorde au milieu d'un peuple encore tout meurtri de ses longues dissensions, d'un peuple qui n'attend son repos et sa consolation que de la haute sagesse de ce Monarque vénéré, dont vous condamnez d'un seul mot les vertus et l'expérience à une nullité désespérante pour notre malheureuse nation, trop occupée par vous-même de ses anciens souvenirs, pour perdre de sitôt ceux qui se rattachent à l'influence active et réelle d'un bon Roi.

Vous intitulez votre ouvrage : *de la Monarchie selon la Charte*. N'auriez-vous pas informé vos adeptes qu'il faut lire : « *De la* « *Monarchie selon...* ceux qui ne veulent point « de... *la Charte ?* » En effet, dès le commencement de la quatrième page, vous dites : *Voyons ce qui manque, et quels embarras se sont rencontrés jusqu'ici dans la nouvelle Monarchie.* Les royalistes ne peuvent vous accorder que nous ayons une *nouvelle Monarchie*, et ils vous opposent le chapitre X de vos *Réflexions politiques.* Ces mêmes royalistes, confians dans la sagesse du Roi, ne voyent pas qu'il faille *tirer le canon d'alarme* pour indiquer ce qui manque à une *Charte* qui peut marcher encore très-longtems si elle n'est point arrêtée par ceux chargés de la soutenir, à *une Charte qui vous entraîne à votre grand regret,* dites-vous, *et qui, dans l'état actuel des choses, est déjà probablement plus forte que nous* (fin du VIIe. chap.). Grand motif de recourir *au signal de détresse!*

Vos chapitres VI, VII, VIII, IX, X, XI et XII, qui pouvaient n'en faire qu'un seul, s'il n'était trop séduisant d'imiter, à si peu de frais, *Montesquieu,* sont tous dirigés contre les art. 17 et 20 de la *Charte.* Rien d'étonnant que le père d'*Atala* aille chercher ses autorités dans les *Lettres édifiantes ;* mais les bons pères missionnaires rougiraient de voir leurs contes servir de base aux plus graves discussions, et venir appuyer les plus funestes pronostics.

Vous gémissez généreusement (chap. XIII) de la munificence royale dont vous blâmez la prodigalité envers les Pairs, dans l'ordonnance du 19 août 1815. Mais nous gémissons à notre tour, des motifs de vos regrets. « Que « n'eût point fait un Pair à vie, dites-vous, « pour devenir Pair héréditaire ? » Quoi ! Monsieur, le dévouement d'un Pair s'arrêtera là où de nouvelles faveurs ne pourront l'atteindre ! Quoi ! lorsqu'une foule de Français obscurs, dirigés par leur amour pour un Roi qui ne doit jamais connaître leurs noms, braveront pour son service les dangers et la mort, sans autre espoir que de remplir leurs devoirs, un membre de la Chambre des Pairs, placé par le Monarque à la tête de cette noblesse *composée évidemment de deux principes :* L'HONNEUR *et la vertu, ou la liberté* (ce qui, comme chacun sait, est la même chose) [Chap. XV des *Réflex. polit.*], ne trouvera point dans la reconnaissance un mo-

tif assez déterminant pour justifier la confiance
et les bontés de son maître ? Ah ! monsieur le
vicomte, vous n'aurez pas un seul collègue de
votre avis, dans cette Chambre que son dé-
vouemeut au Roi et à la Patrie a si noblement
guidée jusqu'à ce jour.

Au surplus, votre propre exemple nous
rassure, car que ne faites-vous pas encore aujourd'hui, que vous vous croyez placé au-
dessus des bienfaits de Sa Majesté ?

Les *substitutions* et les *retraits-lignagers*,
dont vous invoquez le rétablissement pour la
pairie, ne pourront que séduire les cadets de
famille. Il est d'ailleurs d'un bon augure de
nous rappeler que ce *retrait* fut inventé à
l'époque où *les fiefs devinrent héréditaires*,
c'est-à-dire, au moment où des officiers in-
grats abusèrent de la faiblesse des rois pour
s'approprier des domaines dont ils n'avaient
que la jouissance précaire, et pour réduire à
l'état de *serfs* les habitans de ces mêmes domaines. Le *retrait-lignager* ne tarda point,
uni aux crimes et à la violence, à grossir ces
fiefs usurpés, et il en résulta l'existence de ces
vassaux éternellement armés contre le sou-

verain, de ces orgueilleux rebelles, auxquels la France et la couronne dûrent tant de siècles de ravages, de massacres et d'anarchie. Courage, monsieur le Vicomte, il n'y a qu'un pas de la pairie dont le Roi vous a gratifié, à la duchée de Bretagne.

Votre même Chapitre XIV fait la guerre à l'article 32 de la *Charte*, et c'est toujours ainsi qu'un véritable ami du Roi doit défendre son plus bel ouvrage.

Vous avez tous les Français, toute l'Europe de votre avis, quand vous dites (Chap. XV) *qu'il faut d'abord que la Chambre des Députés se fasse respecter*. Mais pour cela, vous voulez, d'un côté, qu'elle ne soit pas esclave des ministres ; et de l'autre, que les ministres disposent de sa majorité, probablement comme Walpoole disposait, en Angleterre, de de la majorité des membres du parlement, ce qui, peut-être, n'était pas *le moyen le plus simple du monde*, pour obtenir à ce parlement le respect de sa nation.

Foi de gentilhomme, dites-vous, *est un vieux adage sur lequel les Français trou-*

veront toujours à emprunter : voilà pour la noblesse une mine inépuisable. Je ne vois pas, Monsieur, la nécessité de lui chercher d'autres priviléges et d'autre fortune. Henreuse découverte, préférable à la *moustache* de *don Juan de Castro,* et au *cordon* du révérend P. de *Laurière.* Combien alors les vingt-trois millions cinq cent mille roturiers qui complètent la Nation française, doivent regretter de n'être pas Français, puisqu'il n'y a de Français, selon vous, que les gentilshommes.

Je vous l'ai dit, je vous le répète, vos Chapitres XVI, XVII, XVIII, XIX, XX et XXI sur la *Liberté de la presse,* seraient avoués par le plus sincère ami de la *Charte constitutionnelle,* sauf le *cautionnement pécuniaire* que vous exigez des journalistes. S'il n'est permis qu'aux riches de dire la vérité, il est à craindre que la partie la plus nombreuse de la nation ne la reconnaisse bientôt plus sous l'éclat des ornemens dont ces riches la surchargeront.

Vous blâmez la Chambre des Députés ; je me trompe, vous blâmez le ministère de ce que cette Chambre s'est arrogé le droit de faire

le bubget. Combien le ministère est coupable!
Vous voilà, monsieur le vicomte, comme ces
gouverneurs complaisans des jeunes Princes,
qui châtient leurs augustes élèves sur la personne de leurs petits compagnons d'études.
Pauvres ministres, vous vous plaindrez, envain,
des *déviations de la ligne constitutionnelle*,
et ces déviations vous seront imputées!

Le Roi ne peut que vous savoir gré de vouloir bien lui indiquer les rangs où vous l'obligez
à aller choisir ses Ministres (chap. XXIV),
et les ambitieux vous remercient d'en augmenter le nombre.

Ce que vous appelez *intéréts révolutionnaires* étant aujourd'hui les intérêts des dix-
neuf vingtièmes de la nation, qu'il est conso-
lant pour elle de vous entendre conseiller aux
Ministres , forcés de réclamer des mesures
conservatrices de ces mêmes intérêts, de dire
à la Chambre *pleine de délicatesse*, et dont
l'opposition n'est qu'une *opposition de cons-
cience :* CELA FINIRA! Combien cette douce
perspective est rassurante! car on ne peut rien
réclamer qui ne soit conforme à la *Charte;*
rien conserver qui ne soit garanti par la *Charte;*

rien instituer qui ne soit promis par la *Charte*. Qu'il est doux de se reposer sur cette idée noble et loyale : *Cela ne durera pas !* (chap. XXVIII.) Peut-on croire que l'auteur éloquent du *Génie du christianisme* ait perdu de vue l'anathême contenu dans les versets 13 et 14 du chap. XXIII de *l'Ecclésiastique?* Permettez que je le renvoye à son Bréviaire.

La police qui prévient les crimes et qui veille à la sûreté des citoyens, ne serait pas incompatible avec le plus libre des gouvernemens. C'est la *Chambre des Députés* qui s'est plu, malgré les plus sages réclamations, à l'investir de la dictature, et à suspendre les articles de la *Charte*, qui avaient été accueillis avec le plus d'enthousiasme par la nation française. Vous dites hardiment que *cette police était inconnue sous l'ancien régime* (chap. XXX). N'en jurez point, *foi de gentillhomme*, vous perdriez votre gage. Est-ce un breton qui aurait déjà oublié les *lettres de cachet*, les exils, les cachots, les supplices employés contre les meneurs de sa province que leur dévoûment au roi ont constamment armés contre ses ministres, et qui se présentaient toujours comme les défenseurs du peuple, lorsque jamais on ne les vit armés que pour soutenir leurs propres priviléges ? *La police générale était inconnue sous l'ancien régime ! ! !* Qu'étaient donc les prisons d'état, les *cages de fer ?* et comparerez-vous notre police moderne à celle de *Tristan-l'Hermite*, du *cardinal de Richelieu*, du *père Joseph* et de quelques-uns de leurs successeurs, sous le règne même de Louis XV, prince éminemment français, et dont la bonté, on ne sait pourquoi, n'obtint jamais les hommages des écrivains du jour? N'était-ce pas une police générale que ce *Cabinet de Versailles*, établi à l'hôtel des Postes, pour y ouvrir toutes les lettres des villes dont le lieutenant-général envoyait la liste chaque matin ; cabinet redoutable où le baron d'*Ogny*, lui-même, n'avait pas le droit de pénétrer ? Hommes de bonne foi, cessez de louer les tems passés ! *Laissons donc le Roi régner*, et par conséquent choisir les instrumens de sa haute administration, et que les Chambres se hâtent de spécifier les crimes de *trahison* et de *concussion*, en provoquant une bonne loi sur la responsabilité des ministres.

Vous publiez que le ministre ne rend point compte de la ferme des jeux. Vous savez que ce compte se rend très-régulièrement, et vous connaissez personnellement l'emploi de tous les fonds. Assurément il y a dans ce revenu un vice dont gémissent les mœurs et la religion ; mais la sagesse du Roi sait que ce honteux ulcère ne peut être fermé qu'avec les plus grandes précautions, et ses véritables amis n'ajouteraient rien à sa sollicitude paternelle en tirant, à cet égard, le canon de détresse.

Votre chap, **XXXIII** est démenti par les faits, car les *Journaux ont retenti* des récriminations d'accusés contre des complices ou des témoins convaincus des plus perfides suggestions. Mais, si, à cette époque, les tribunaux ne firent point asseoir ces êtres avilis sur le banc des accusés, s'ils se refusèrent à les faire traduire devant le jury, que dis-je ? s'ils les consolèrent des reproches accablans que les criminels leur adressaient, ne vous en prenez qu'à la *déviation* si funeste *de la ligue constitutionnelle*, *déviation* créée par des discussions beaucoup trop solennelles, et dont le danger est enfin reconnu.

Les *principes généraux* que vous indiquez pour guides aux ministres (chap. XXXVII), doivent aussi diriger tous les bons Français ; *adopter franchement la Charte, n'en point contrarier la marche, en supporter les inconvéniens.* Si vous étiez bien convaincu de cette nécessité, monsieur le vicomte, vous auriez supprimé quatre-vingt chapitres de votre Ouvrage, et vous auriez même choisi un autre moment pour le publier. Mais vous nous apprenez qu'*il faut se résoudre à lire bien des sottises*, expressions un peu crues dont vous avez apparemment le *privilège* de vous servir.

La tranquillité générale, la sécurité publique, sont évidemment fondées sur l'art. 11 de la Charte. La politique et la clémence s'unissent pour le maintenir ; tout Français qui s'en écarte se range sous les couleurs d'un parti, et non pas sous la bannière du Roi. Et, au fait, quel mérite aurait-on aujourd'hui de retracer les tableaux épouvantables déjà mille fois reproduits depuis quinze ans, même par les plus médiocres écrivains ? Il n'était pas nécessaire d'être royaliste constitutionnel, d'être dévoué à la légitimité des Bourbons, il suffisait d'être homme pour déplorer les affreuses scènes de la révolution dont les crimes souillent les pages de notre histoire, après avoir porté le deuil dans toutes nos familles. Votre génie romanesque, Monsieur le vicomte, peut se complaire au souvenir de ces grandes catastrophes, et à la jouissance d'avoir ainsi, sous la main, de quoi rivaliser le *Dante*, *Milton* et *Shakespeare* ; mais un homme d'état, un bon citoyen détourne ses regards de ce qui afflige sa patrie : il se réfugie dans le sein de son Roi, et cherche, avec le Monarque, à substituer des sensations douces à de vives émotions, le présent au passé, et l'espérance aux souvenirs.

Les hommes de la révolution..... Nous le sommes tous, ou il n'y en a plus. Tous, nous avons erré, souffert et gémi ; tous, nous avons acquis des idées dont nous ne nous doutions point en 1788 : notre existence, nos passions, nos rapports, tout a changé depuis cette époque. Puisque le Roi oublie et veut qu'on oublie, ne reprochons rien ni à la noblesse, ni au clergé, ni aux parlemens, ni à la finance, ni au peuple, et soyons tous, autour de notre Souverain et de sa famille, *les hommes de la restauration*. L'Europe, qui nous examine, ne supputera plus les quantités particlles de telle ou telle faction; elle ne verra plus sur le sol de la France qu'une masse imposante de vingt-cinq millions de Français; elle recouvrera bientôt alors l'habitude de nous considérer, et de nous compter dans la balance des peuples.

L'histoire des trois ministères, intercalée dans votre ouvrage, est d'un mince intérêt; car, puisque vous sonnez le tocsin, ce n'est pas le moment de lire des romans. Courons au *systéme capital* auquel vous attribuez la marche de l'administration. (Chap. LIII, et suivans.)

Familiarisé avec le pays des fictions que vous avez parcouru avec tant d'éclat, vous avez créé des chimères pour avoir la gloire de les combattre. Quel ministre aurait pu dire : *il n'y a point de royalistes en France ?* Quel individu pourrait nier l'existence des *royalistes* , même dans l'acception que vous donnez à ce mot, c'est-à-dire, dont les *inté-réts matériels et moraux sont anti-révolu-*

tionnaires ? Mais quel français, quel administrateur ne se plaît à reconnaître que la
masse des citoyens est réellement et franchement royaliste dans le sens du Roi et de
la Charte, et que, ployée avec rigueur, depuis
douze ans, sous les habitudes monarchiques,
elle ne peut que se sentir soulagée de suivre
les mêmes habitudes dans la direction imprimée par le vœu unanime de l'Europe, et fortifiée par d'antiques souvenirs, moins encore
que par la haute sagesse et les vertus de
Louis XVIII ? Ainsi, ne vous battez point les
flancs, puisque nous sommes tous de votre
avis.

Ne faites point dire, non plus, au Gouvernement qu'il ne faut pas d'épurations, puisque
les épurations se sont notoirement étendues à
tout. Partout d'autres administrateurs, d'autres
juges, d'autres gouverneurs, d'autres employés
s'occupent, depuis dix‑huit mois, des personnes beaucoup plus que des choses, et encombrent tous les ministères des plus amères
dénonciations. Partout le cultivateur, le négociant, le manufacturier, l'artisan, et jusqu'au
journalier, ne peuvent se livrer au travail et à

leurs spéculations , sans se défendre préalablement contre mille accusations qui se multiplient sous leurs pas. Partout des hommes d'esprit qui n'ont pas plus que vous, monsieur le vicomte, combattu dans l'armée des Princes; qui, comme vous, Monsieur, sont revenus de leurs voyages quand il leur a semblé bon de revenir; qui, comme vous aussi, mais moins bien que vous, ont écrit, en certain tems, des choses que, comme vous, ils s'efforcent d'oublier (1), veulent néanmoins per-

---

(1) Nous ne parlons ni de la diatribe contre les prêtres catholiques (péché dont monsieur le vicomte a fait une pénitence publique), ni du discours académique où la dynastie usurpatrice se trouve si largement louée, mais du rapport d'un secrétaire de la légation de Bonaparte à Rome, employé sous le cardinal Fesch, et qui prouva éloquemment au curé de Saint-Laurent l'existence d'un *saint* dont le curé refusait, en l'an XIII, de donner le nom à un enfant romain qu'on lui avait apporté à baptiser. Ce beau rapport concluait que quand bien même deux cardinaux n'auraient pas eu ce prénom, il se trouvait, à jamais , consacré par la gloire, les vertus, l'héroïsme, les victoires de.... etc., etc., etc. *Risum teneatis.....* et comparez ces louanges exagérées (et payées) à ce beau passage du chap. LXXXI : *Nous tristes héritiers de ces aristocrates dont les cendres reposent à Picpus et au cimetière de la Madeleine.....*

sécuter, à outrance, ceux qui n'ont ni combattu, ni voyagé, ni même fait des livres !
Ah ! Monsieur, si vous avez à vous plaindre
de la marche du Gouvernement, ce n'est pas,
du moins, faute d'*épurations*.

Il est vrai que vous ne voulez voir dans
tout ceci que des *épurations partielles ,* dont
vous repoussez le système (chap. LXXI), et
que vous prescrivez un changement subit et
simultané dans toute l'étendue du Royaume.
Une réaction aussi tranchante n'a point été
dans les intentions du Roi, qui est plus éclairé
que vous et moi sur ce qu'il convient de faire.
Je cherche en vain, dailleurs dans votre personne, Monsieur, ce qui peut garantir la préé-
minence de votre opinion sur celle du ministère. Le génie du christianisme pourrait n'être
pas le génie de l'administration, et les lumières
d'un ministre d'Etat qui déclare n'avoir jamais assisté à la réunion du conseil, pour-
raient être sujettes à discussion.

Vous voulez encore faire dire que *les royalistes sont incapables.* Comment le devoue-
ment sincère au Roi pourrait-il frapper d'inca-
pacité toute une masse d'individus nés, la plus

part, dans les premières classes de la société ?
Il n'en est pas de ceci comme de ce que
St. Augustin croyait, précisément parce que
c'était absurde. Permettez-nous de dire ce
qu'on dit, au lieu de croire ce que vous sup-
posez : « Se prétendre *royaliste* dans un état
« où le Roi aimerait beaucoup mieux qu'on
« ajoutât à ce titre celui de *constitutionnel,*
« ne suffit point pour acquérir, sans étude, sans
« travail, une aptitude générale à tous les em-
« plois. » Voilà ce qu'ont dit ou dû dire des
ministres chargés, dans les momens les plus
critiques, de faire marcher, partout à-la-fois,
une administration compliquée. Entraînés
bientôt dans la funeste *déviation ,* il leur a
fallu compter le zèle pour le talent, et l'in-
discrette présomption pour la timide expérience.

*Sil n'y a pas de royalistes, il faut en
faire ,* dites-vous ; et il vous a coûté si peu,
Monsieur , de devenir royaliste et dévot ,
que vous ne concevez pas comment on aurait
besoin de plus de vingt-quatre heures pour
changer les opinions de plus de vingt-quatre
millions d'hommes. Heureusement que votre

supposition est bénévole , et que la besogne est terminée avant que vous n'en ayez donné le signal.

Mais, de bonne foi, Monsieur, que prétendez-vous quand, d'un côté, vous soutenez, avec fondement, que la grande majorité des Français est royaliste, et que, de l'autre, vous déclarez que jamais la majorité n'a fait la loi dans les révolutions des peuples ? Voulez-vous nous menacer de nouveaux bouleversemens, et prétendez-vous, contre les intentions du Roi, contre le vœu du peuple , contre les intérêts de tous, que la révolution n'est point terminée, et que les grandes questions ne sont point résolues ? Que cette démangeaison de faire du bruit peut entraîner de maux, et ajourner de bienfaits !

Il n'est personne , dites - vous (chapitre XXXVIII), *à qui l'on puisse persuader que les hommes de la révolution sont plus favorables à la Charte que les royalistes.....* Combien il serait facile de démontrer, d'après vos propres discours, que ceux que vous nommez *royalistes ,* croyant avoir des intérêts froissés par la *Charte ,* ne reconnaissant dans cet acte de haute sagesse que des principes contre lesquels ils combattent depuis près de trente ans, ne pouvant concevoir que l'appui de six cents mille baïonnettes étrangères n'ait point rendu leur triomphe absolu , trouveraient étrange qu'on leur confiât exclusivement la garde d'un monument dont la destruction serait ardemment désirée par eux ! Mais, à Dieu ne plaise, que nous ramassions le gant que vous jetez, et que la défiance vienne encore envenimer une plaie que le Roi cicatrise. Il consolera le malheur, il calmera le désespoir, il saura gré à tous ses sujets indistinctement de se rallier autour de l'ancre de salut qu'il leur a jeté au fort de la tempête. Que serviraient la justice et la vertu sur la terre, si leur présence ne calmait point les orages, et pourquoi la Providence aurait-elle doué notre Monarque de tant de qualités éminentes si ce n'était pour lui faciliter, pour lui assurer la conquête de tous les cœurs ?

C'est assez répondre à votre système des intérêts matériels, et des intérêts moraux révolutionnaires. Ces intérêts se retrouvent aujourd'hui dans toute l'Europe; ils ressemblent à ceux des *Communes* qui durent leur affranchissement aux ancêtres de notre Roi; c'est de ce Roi constitutionnel et des lois que le peuple attend protection, et non des gentilshommes que vos *Réflexions politiques* (chapitre XX) lui offrent comme défenseurs. Ce peuple, qui ne se met pas au-dessus des *illusions de la reconnaissance,* n'oublie point que depuis sept cents ans, c'est toujours dans les bras de ses rois qu'il s'est réfugié pour se soustraire à la tyrannie des nobles et aux cruautés des petits vassaux. Aujourd'hui que la noblesse, égale au peuple devant la loi, se repaît de titres honorifiques, ce peuple voit, sans inquiétude et sans jalousie, augmenter avec le nombre des nobles, les articles communiqués et payés au complaisant *Saint-Allais,* dont les assertions sérieuses pourront un jour dérider les fronts les plus graves.

Oui, monsieur le vicomte; oui, *c'est vous* (chap. LXXIV) *qui ne voulez point de la* Charte, car vous ne la combattez que sous le rapport de ce que vous appelez les maximes révolutionnaires; vous feignez de ne lui reconnaître, pour amis, que ceux-là mêmes qui voudraient encore détruire ces maximes, et vous signalez comme ses ennemis ceux qu'elle console de leurs longs et pénibles efforts en faveur de ce qu'eux, l'Europe et tous les souverains éclairés regardent comme des principes incontestables. Ces prétendus ennemis de la *Charte* n'ont de sauve-garde qu'en elle ; c'est là qu'ils voyent éclore et murir, sous l'égide du Roi, les fruits longtems incertains d'une philosophie que l'anarchie, la terreur et le despotisme s'efforcèrent successivement d'étouffer dans leurs embrassemens immondes. La main royale, comme un soleil bienfaisant, a fait triompher ces plantes délicates, et de la fange qui les couvraient, et des ronces qui les étouffaient. Grâce à cette puissance régénératrice, les siècles ne rétrograderont pas, et nos malheurs déplorables ne seront point perdus pour les générations qui vont nous suivre. Anathème à qui cacherait des doctrines secrètes derrière cette profession de foi des Français ! Anathème aux calomniateurs qui supposeraient une arrière pensée aux cœurs qui ne se livrent qu'à la plus sincère reconnaissance !

De quel droit revêtiriez-vous d'un corps les rêves de quelques individus isolés, pour aliéner, au détriment de la nation française, une portion précieuse de son héritage, l'affection de toute la famille royale ? Le peuple connaît-il ces singulières prétentions auxquelles vous vous efforcez de l'initier ? sait-il distinguer des nuances que peut créer l'inquiétude oisive, mais qui échappent aux yeux de la multitude laborieuse ?

L'histoire, dont les leçons sévères ne seront pas perdues pour le tems présent, nous représente bien quelques princes du sang s'agitant autour du trône ; mais elle nous les montre constamment égarés par l'ambition des seigneurs qui les approchent, de seigneurs comblés des bienfaits de leur souverain. Le peuple jamais ne fut coupable de la rébellion du connétable de Bourbon, du duc d'Alençon, de Gaston d'Orléans, etc. Que lui parlez-vous de conspiration contre la monarchie, à cette époque où il lui est donné si souvent de contempler la personne de nos princes, de voir en eux d'augustes mandataires investis de la confiance du Monarque, chargés d'être les interprêtes de sa bonté, et les dispensateurs de ses grâces? N'envenimez point notre bonheur, ne répandez poiut l'amertune sur nos plus douces jouissances.

Vous n'êtes pas plus véridique, Monsieur, mais vous êtes plus éloquent lorsque vous peignez notre gouvernement, que vous appelez souvent faction, acharné contre la religion catholique (chap. LXXIV). Vous voilà sur votre terrein d'adoption, et les cœurs sensibles goûteraient vos réclamations si, toujours injuste en réclamant la justice, vous n'attribuiez à la persécution, ce dont on ne peut accuser que le malheur des tems. Vous donnez des détails inexacts sur la manière dont un ecclésiastique touche sa modique pension, et les maux du clergé sont assez grands pour qu'il ne soit pas besoin d'enchérir sur la vérité. C'est par vous que l'on connaît une qualification outrageante qu'assurément aucun autre homme d'état ne s'est jamais permis d'appliquer aux prêtres que leur infortune rendrait respectables à toutes les classes de la société, si déjà le caractère dont ils sont revêtus ne les investissait de la considération publique.

Laissez au Roi Très-Chrétien, que vous nommez dans votre style mystique (chap. XII) : *l'évêque extérieur de l'église gallicane,* le tems de secourir le clergé, et ne cherchez point à aigrir le cœur des prêtres, comme vous avez voulu exaspérer l'âme des royalistes. Ce siècle n'est pas le premier qui ait vu les biens ecclésiastiques passer dans des mains profanes ; *Montesquieu* (chap. X du 31e. liv. de l'*Esprit des lois*) assure que, dans le cours des trois races, on lui a donné *plusieurs fois* tous les biens du royaume, et il finit par ces mots : « Le clergé a toujours acquis, *il a tou-* « *jours rendu,* et il acquiert encore. » Le tems, aidé de la piété du Roi, est un grand maître ; seulement il serait absurde de recourir aujourd'hui aux extases de *Saint Eucher;* et comme votre goût n'est pas douteux pour de tels épisodes, on doit vous savoir gré, monsieur, de n'en avoir point employé de semblables.

Que d'héroïsme, M. le vicomte, dans votre chap. LXXXVI ! Quoi ! *vous ne voulez déjà plus de la protection des baïonnettes euro-péennes!* Quoi ! vous convenez qu'*un Fran-*

çais passe toujours du côté du péril, parce qu'il est sûr d'y trouver de la gloire! Quoi! les alliés savent que les nations doivent jouir de cette indépendance qu'on peut leur arracher un moment, mais qu'elles finissent toujours par reconquérir. Quoi! si l'Europe civilisée voulait vous imposer la Charte, vous iriez vivre à Constantinople.... Quelle fierté! où donc étiez-vous quand vous avez écrit ces lignes pour la première fois, et à quelle époque les avez-vous écrites? Qui a pu vous décider à les intercaler dans votre ouvrage?

Vous voilà, en dépit de vous même, convaincu de patriotisme, et de royalisme constitutionnel. Réveillez-vous, vous combattez dans les rangs de ceux que vous traitez d'adversaires; vous faites cause commune, non avec un parti, non avec une faction, mais avec le Roi et la France entière.

Mais il faut toujours écrire avec votre cœur, car lorsque vous raisonnez, et que vous nous *affirmez* des principes, le bon sens n'est pas constamment de votre avis.

C'est par trop abuser de la confiance de vos

lecteurs, que d'avancer (chap. LXXXVIII)
*qu'aucun changement politique chez un
peuple n'a pu se consolider qu'il n'ait eu
pour base l'ancien ordre politiqu auquel
il a succédé.*

Rome, que vous citez, vous donne de
nombreux démentis, soit après l'expulsion des
Tarquins, soit après celle des Décemvirs, soit
après le suicide de Caton d'Utique, soit après
la mort d'Augustule. Parlez des Dieux de
Rome qui accueillait toutes les divinités étrangères, même celles des peuples vaincus!

Vous citez Charles II, en Angleterre, mais
vous passez sous silence Jacques II et son
gendre le prince d'Orange. Le triomphe de la
religion fut-il de longue durée, et les mœurs
furent-elles assez pures lors de la restauration
pour être, ici, comptées pour quelque chose?

Pourriez-vous citer Gênes, Florence et Ve-
nise, les Provinces-Unies et l'Helvétie, la
la Grèce et l'Amérique septentrionale; et
pourriez-vous appliquer à ces divers états
votre *principe général?* Vous n'êtes pas heureux, il faut l'avouer, pour la première fois

que vous osez, dites-vous, prendre *le langage affirmatif.* Au surplus, il n'en est pas moins vrai qu'aucune société ne pourrait s'établir régnlièrement en contradiction avec les sentimens religieux, la morale et la justice. C'est à ce principe qu'il fallait vous tenir, et encore à quoi bon remonter à la source des sociétés, pour apprendre au Roi de France à faire marcher la Constitution qu'il a donnée à ses peuples ?

Non, Monsieur, on ne fait point un *présent* sans *passé* (chap. LXXXIX), en ce sens que les législateurs n'emploient du *passé* que ce qui reste à leur disposition, et qu'ils écartent soigneusement tout ce qui pourrait contrarier leur ouvrage.

Vous voudriez rendre au clergé toute son ancienne influence, et vous n'hésitez point à nous menacer (chap. XC) que *ce clergé* tout pauvre, tout misérable qu'on le laisserait, *créera, malgré nous, un empire dans un empire.* Avez-vous bien réfléchi à tout ce qu'une semblable assertion avait d'alarmant, et combien elle pourrait retarder le succès de votre réclamation? Les Rois, Monsieur le vicomte, n'ont pas eu moins à se plaindre que les peuples, de la puissance usurpée par le clergé. Les grands corps, *comme les grands écrivains,* ont toujours abusé de leurs lumières et de leur influence. Les fastes de notre histoire constatent la turbulence, l'ambition, l'ingratitude et les rébellions criminelles du clergé. Ses discours ont toujours alimenté nos guerres civiles ; ses arrêts ont dirigé le poignard des assassins sur le cœur de nos Rois, et ils contiennent contre les droits du Souverain, des diatribes qui font frémir. Direz-vous que sous Louis-le-Débonnaire, Robert-le-Dévot, Charles VI, Henri III, Henri IV, le clergé était imbu de tous les préjugés du tems ? Pourquoi donc aujourd'hui refuserait-il de marcher avec les lumières du siècle, et pourquoi aurait - il la prétention rébelle de de former encore, comme autrefois, un empire dans un empire, lui, dont le divin Législateur a formellement déclaré que son royaume n'était pas de ce monde ?

Vous prétendez que le clergé, rendu à son ancienne influence *corrigerait nos mœurs.* Mais il en avait désespéré sous Louis XVI, le Roi dont les mœurs furent les plus pures, et devaient entraîner la réforme d'une cour accoutumée à se modeler sur le Souverain. Les doléances de ce clergé sont consignées dans nos annales, et ceux qui portèrent la parole ne pouvaient que rougir eux-mêmes de parler un tel langage au vertueux Monarque. Toutes ces *doléances*, au surplus, étaient opiniâtrement substituées aux sacrifices pécuniaires que le Roi demandait instamment au clergé, qui distribuait les sermons et gardait les offrandes.

Voilà, Monsieur, une portion du *passé*, auquel un Roi sage ne peut vouloir rendre l'existence, et quand c'est Sa Majesté elle-même qui a prononcé, ne blasphêmez point en criant *à l'irréligion;* car la piété bien connue de *Louis* est une de nos sauvesgarde.

La religion n'est nullement compromise, parce que ses ministres ne sont plus les *officiers de l'état civil*, comme au tems où les clercs seuls savaient lire, où les nobles se targuaient de leur ignorance. Cet emploi est soumis à une surveillance qui blesserait la dé-

licate indépendance des prêtres (1); et la tolérance religieuse, l'une des bases actuelles de
toute société civilisée, exige que des actes qui
ne sont plus des *catalogues d'esclaves*, et
qui ne concernent pas exclusivement des catholiques, soient confiés à la rédaction et à la
garde de ministres des lois, et non de prêtres
d'aucun culte.

Vous assurez que le clergé catholique ne
sera dévoué à la constitution que quand il
sera devenu *propriétaire*. Nous souhaitons que
le Roi hâte l'époque de ce dévouement condi-
tionnel; mais Sa Majesté peut compter, en
attendant, sur le dévouement désintéressé de
douze millions de sujets, qui travaillent pour
acquérir un jour des propriétés. Enfin vous
citez le *clergé anglican*, remarquable par sa
soumission, sans observer que le roi d'Angleterre est le *pape* de cette église, que ce clergé
ne reconnaît point de chef au-delà des monts,
et que, malgré vos vœux, le clergé catholique

----

(1) Vous vous irritez qu'on les juge pour des délits;
que diriez-vous s'il fallait les poursuivre pour des né-
gligences?

d'Irlande est soigneusement exclu des avantages accordés à son rival.

Ce n'est pas, en effet, que nous regardions la puissance de Rome comme très-redoutable en ce moment. Un pontife et des cardinaux prudens, fondent sa prépondérance actuelle sur la sagesse, la piété, la pratique de toutes les vertus. Mais les antiques maximes peuvent, un jour, être relevées par des papes ambitieux, soutenues par des moines fanatiques, accueillies par des cours superstitieuses, et hasarder, sinon l'existence, du moins la gloire et la tranquillité des gouvernemens. La sagesse est de prévenir le mal, et ce serait le provoquer que de remettre exclusivement, comme vous le proposez, l'*éducation de la jeunesse entre les mains des ecclésiastiques.* Ne semble-t-il pas, à vous entendre, qu'il en était ainsi en 1788? Cependant nos universités comptaient parmi leurs illustres professeurs, autant de sages laïcs que de pieux ecclésiastiques, et le grand principe de tolérance milite impérieusement pour le maintien de cet heureux amalgame.

Il serait impossible, monsieur le Vicomte, quand bien même on accumulerait quatre-vingt-douze chapitres les uns sur les autres, de relever toutes les incohérences qui se pressent dans votre ouvrage. Vous les connaissez bien, et je suis convaincu que ce sont ces tours d'adresse dont vous vous applaudissez davantage.

Voici donc que le *langage de l'honneur* était oublié en France depuis si longtems, et que cependant l'ancienne noblesse de France vient de rejoindre à l'armée tous ses *nouveaux* compagnons d'armes, *faits nobles* par le courage et par *l'honneur* (Chap. XCI, à douze lignes l'une de l'autre.)

Vous accusiez dans vos *Réflexions politiques,* dont votre dernier ouvrage est *la suite,* ceux qui auraient désiré voir le Roi prendre le titre de *Roi des Français,* qu'avait adopté Louis XVI. Vous versiez le ridicule sur cette opinion, et vous savez cependant qu'elle était puisée dans les dernières remontrances de ce clergé, si ferme appui du trône, qui, en 1787, disait au Monarque : « La gloire de V. M. n'est « pas d'être roi de France, mais d'être *Roi des* « *Français*, et le cœur de vos sujets est le « plus beau de vos domaines. » Quel crime y a-t-il donc à penser comme le corps le plus éclairé, le plus religieux de la Nation ?

Vous voulez que le Roi se sépare de *la religion* et *de la justice*, et les jette dans les fondations du nouveau temple, comme *le roi Dagobert* se sépara de ses joyaux et de ce qu'il avait de plus précieux, pour les jeter dans les fondemens de l'église de Saint-Denis. Cette comparaison vous a séduit, mais on jette dans les fondations des médailles précieuses à l'usage desquelles on renonce, et non pas les monnaies que l'on garde pour la circulation. *Dagobert* renonça aux joyaux qu'il fit enfouir, *Louis XVIII* ne renoncera jamais à la justice et à la religion qu'il fera triompher.

Vous revenez jusqu'à satiété sur les *vieilles mœurs* et sur les *vieilles institutions*, tout en assurant que *la Charte* seule peut nous sauver. Expliquez-vous. Sont-ce les mœurs des *mignons*, sont-ce les mœurs des *maîtresses* que vous regrettez, que vous voulez rappeler ? Sont-ce les tems de Frédégonde, de Brunehaut, d'Isabeau de Bavière, de Louis XI, de Charles IX ? Car enfin, il faut bien prendre ces vieilles mœurs quelque part. Sont-ce les tems de chevalerie, où il n'y avait ni arts, ni instruction, ni commerce, où les épreuves par le fer, le feu, le duel, décidaient des jugemens de Dieu? Est-ce l'époque fortunée où *le plus pauvre vicomte* faisait fouetter jusqu'au sang, et envoyait aux galères un bon païsan, père de famille, qui osait tuer le lapin qui dévorait la substance de ses enfans ? Aidez-nous donc à choisir l'époque où il faut que nous prenions nos modèles.

Les *vieilles mœurs*, Monsieur, dans les courts intervalles où elles furent bonnes, entraînaient les Français vers une noble liberté, et vers une confiance sans bornes, dans le courage et la sagesse de leurs rois. Elles n'autorisaient point leurs serviteurs fidèles à signaler leurs actes comme contraires à leur volonté, car ç'eût été un outrage contre un simple individu, à plus forte raison contre un Souverain dont *le caractère est la sagesse, le calme et la dignité même. (Post-scriptum.)* Elles auraient hautement condamné celui qui, s'arrogeant une orgueilleuse initiative, eût engagé les bons Français à agir dans un sens opposé aux intentions manifestées par le Souverain. Un tel scandale peut s'être manifesté parmi l'ancien ordre de la noblesse en Bretagne, dans le Béarn, en Dauphiné, et avoir allumé cet incendie effroyable, dont, pendant vingt-cinq ans, la France fut victime et l'Europe épouvantée ; mais il ne sera jamais propre à donner à un peuple fatigué et consolé, du goût pour les *vieilles mœurs* et les vieilles institutions. Parlons-lui seulement des bonnes-mœurs, et de la nouvelle institution.

Si, comme vous le dites, monsieur le vicomte, il est absurde de vouloir redevenir ce que l'on a été, laissons dans l'histoire impartiale la peinture du passé, soyons ce que nous sommes, ce que nous devons être, et jouissons d'un gouvernement qui sera fort sans être oppressif, de lois dont le joug pèsera également sur chacun, et de droits qui seront égaux pour tous.

Laissons au Roi le soin de compléter son ouvrage. Que notre émulation se distingue à qui le servira mieux et l'aimera davantage. Donnons, s'il le faut, des avis modérés, ne nous permettons jamais de menaces, n'épargnons point les salves de réjouissances, mais ne tirons jamais *le canon d'alarme.*

Agréez, monsieur le vicomte, l'hommage de ma haute considération,

Le Chevalier DE L'UNION.

Villeneuve-le-Roi, le 23 septembre 1816.

www.ingramcontent.com/pod-product-compliance
Ingram Content Group UK Ltd.
Pitfield, Milton Keynes, MK11 3LW, UK
UKHW021012120726
13693UKWH00005B/1940